LA PORTE D'ORIENT

GIARDINO

DANS LA COLLECTION J'AI LU BD
LES ENQUÊTES DE SAM PEZZO
LA SOURICIÈRE - RÉVEIL AMER

AUX ÉDITIONS GLÉNAT
LES ENQUÊTES DE SAM PEZZO
1 - RÉVEIL AMER
2 - SON DERNIER COUP
3 - POUR DES NÈFLES
4 - LE JOCKEY EN CAVALE
LES AVENTURES DE MAX FRIDMAN
1 - RHAPSODIE HONGROISE
2 - LA PORTE D'ORIENT
LITTLE EGO

Adaptation graphique de Daniel Chauvin
© 1986 Éditions Glénat
© 1992 Éditions J'ai lu pour la présente édition

Giardino

LA PORTE D'ORIENT

ISTANBUL,
À LA FIN DE L'ÉTÉ 1938.

VOUS AVEZ UNE CHAM-BRE ?

150 LIVRES PAR SEMAINE. ON PAIE D'AVANCE.

7

ÇA FERA RIEN — JE N'ACCEPTE PAS LES ROUBLES.

MAIS JE N'AI RIEN D'AUTRE !

ESSAYEZ À LA BANQUE DEMAIN — ON VOUS LES CHANGERA PEUT-ÊTRE..

J'AIMERAIS MIEUX ÉVITER LES BANQUES !

ÇA VOUS RE-GARDE !

MAIS ATTENDEZ... VOUS DEVRIEZ PASSER CHEZ BESUCOV — C'EST LE SEUL À ISTANBUL QUI VOUS CHANGERA VOTRE ARGENT SANS POSER DE QUESTIONS.

QUELQUES JOURS PLUS TARD, À LA LUBIANKA, LE SIÈGE DU N.K.V.D. , À MOSCOU...

JE NE COMPRENDS PAS COMMENT STERN A RÉUSSI À S'ÉCHAPPER ! — QUELQU'UN A DÛ L'AVER-TIR QUE NOUS ALLIONS L'ARRÊTER...

PROBABLEMENT UN DE SES AMIS TROTSKYSTES ! — L'HÔTEL LUX EN EST TRUFFÉ !

9

10

NON, CETTE FOIS, C'EST POUR AUTRE CHOSE... VOILÀ... JE... JE NE VEUX PLUS RESTER À ISTANBUL — IL FAUT QUE JE PARTE AU PLUS VITE !

HMMM... JE VOIS... ET JE CROIS BIEN QUE J'AI VOTRE AFFAIRE ! — LE "SAMSUN" APPAREILLE DEMAIN POUR MARSEILLE... ÇA VOUS COÛTERA 1500 LIVRES ... COMPTANT !

ÇA FAIT UNE BELLE SOMME...

... À LA HAU- TEUR ...

... DU RISQUE ENCOURU, MONSIEUR STERN ! JE VOUS AVOUE QUE JE NE VOUDRAIS PAS ME TROUVER À VOTRE PLACE !

ENTENDU ! J'AI DES AMIS EN FRANCE, JE VOUS RÉGLERAI DÈS QUE JE SERAI ARRIVÉ.

DÉSOLÉ, MAIS C'EST IMPOSSIBLE : QUE VOS AMIS ENVOIENT D'ABORD L'ARGENT, APRÈS, NOUS VERRONS.

CE QUE J'EN DISAIS, C'ÉTAIT SEULEMENT POUR VOUS AIDER — C'EST VOUS QUI ÊTES PRESSÉ, PAS MOI !

MERCI, MAIS... JE PRÉFÈRE ATTENDRE — OÙ EST CETTE PLANQUE DONT VOUS M'AVEZ D'ABORD PARLÉ ?

PLUS TARD, À MOSCOU...

COMMENT ONT-ILS PU COMMETTRE UNE ERREUR PAREILLE ? LUI TIRER DESSUS... ET **LE MANQUER !** TOUT VA SE COMPLIQUER !

JE NE SUIS PAS DE VOTRE AVIS, CAMARADE. — IL SE SENT TRAQUÉ, SES NERFS VONT CRAQUER !

CE N'EST PAS AVEC DES RÉFLEXIONS DE CE GENRE QUE VOUS PRENDREZ MA PLACE, SHAPINSKIJ ! QUI PEUT DIRE DE QUOI EST CAPABLE UN HOMME AUX ABOIS ?

QU'IL SOIT ABATTU EN PLEINE RUE OU PAR UN PELOTON D'EXÉCUTION, QUELLE DIFFÉRENCE ?

16

VOUS AUSSI, VOUS DEVRIEZ ÊTRE FUSILLÉ ... POUR IMBÉCILLITÉ! ON AURA ENTENDU CE COUP DE FEU JUSQU'À BERLIN! VOUS AVEZ UNE IDÉE DE LA SOMME QUE LUI OFFRIRAIENT LES NAZIS POUR QU'IL COLLABORE?
— OU LES ANGLAIS
— OU MÊME LES FRANÇAIS ...

JE CONNAIS BIEN STERN — NOUS AVONS ÉTÉ AMIS AUTREFOIS. JE NE CROIS PAS QU'IL ACCEPTERA... POUR LE MOMENT! IL DEMANDERA AUPARAVANT DE L'AIDE À TOUS CEUX EN QUI IL A CONFIANCE. C'EST TOUS CEUX-LÀ QU'IL NOUS FAUDRA SURVEILLER!

DEUX SEMAINES PLUS TARD, AU LARGE DE LIMNOS...

19

21

SI VOUS VOUS OCCUPIEZ UN PEU DE VOS AFFAIRES, MA CHÈRE ?

C'EST SEULEMENT POUR PASSER LE TEMPS, GEORGES CHÉRI. OH ! REGARDEZ LA NOUVELLE TOILETTE DE MADAME PALMER ! EXCUSEZ-MOI !

KÖSTLER ? ... CE NE SERAIT PAS CE JOURNALISTE ..., COMMUNISTE ?

EXACTEMENT ! JE L'AI CONNU QUAND IL TRAVAILLAIT AU "BERLINER ZEITUNG"... OÙ JE N'ÉTAIS QU'UN JEUNE REPORTER.

UN AUTRE !

IL M'A ÉCRIT QU'IL A ROMPU AVEC LE PARTI...

JE SAIS...

OUI... LE VOILÀ BIEN SOLITAIRE... VA SAVOIR CE QU'IL A PU VOIR EN ESPAGNE... IL EST RESTÉ QUATRE MOIS AUX MAINS DES FRANQUISTES, S'ATTENDANT CHAQUE JOUR À ÊTRE FUSILLÉ...

23

IL A EU BEAUCOUP DE CHANCE, C'EST CE QUE TOUS DISAIENT À BARCELONE.

ALORS VOUS AUSSI, VOUS ÉTIEZ LÀ-BAS ?! DU CÔTÉ DES ROUGES?

... DU CÔTÉ DE LA RÉPUBLIQUE !

HEU... OUI, BIEN SÛR... HUMM... IL SE FAIT TARD... BONNE NUIT, MESSIEURS !

28

30

... QUE VOUS AVEZ L'AIR D'UN HOMME MARIÉ... MAIS QUE VOUS NE PORTEZ PAS D'ALLIANCE.

BONNE NUIT, MONSIEUR FRIDMAN !

CETTE FEMME ME RAPPELLE QUELQU'UN... MAIS QUI DONC ?

PLUS TARD, DANS LA CABINE-RADIO...

UN TÉLÉGRAMME POUR ISTANBUL ? MAIS ON Y SERA DEMAIN MATIN !

ET C'EST PAS TOUT ! ÉCOUTE ...

..."NÉCESSAIRE REFAIRE PHOTO À CAUSE PRÉSENCE IMPRÉVUE PASSAGER MAX FRIDMAN... TIRAGE IMMÉDIAT... ZMIEIKA" TU PARLES D'UNE URGENCE !

LE LENDEMAIN, À ISTANBUL...

34

STERN? JE NE CONNAIS AUCUN STERN! VOUS VOUS TROMPEZ DE PERSONNE! — JE SUIS NÉGOCIANT EN TABACS, VOILÀ MES PAPIERS, SI VOUS NE ME CROYEZ PAS.

NE FAITES PAS L'IMBÉCILE, FRIDMAN! NOUS SAVONS TRÈS BIEN QUI VOUS ÊTES! — UN AGENT DU SERVICE FRANÇAIS DU CONTRE-ESPIONNAGE... VENU ICI POUR RÉCUPÉRER STERN INUTILE DE NIER!

.FAITES-LE S'AS-SEOIR!

VOUS ÊTES CINGLÉ! IL Y A DES ANNÉES QUE J'AI QUITTÉ LE SER-VICE!

SOYONS SÉRIEUX MONSIEUR FRIDMAN.

QUE VOULEZ-VOUS DIRE?

QUE FAISIEZ-VOUS À BUDAPEST EN FÉVRIER? VOUS ACHETIEZ DU... TABAC?

D'ACCORD, J'AVAIS REPRIS DU SERVICE, MAIS DEPUIS C'EST BIEN FINI... JE NE SAIS ABSOLUMENT RIEN AU SUJET DE CE STERN. ...ET PUIS MERDE! PENSEZ CE QUE VOUS VOUDREZ!...

VOTRE ATTITUDE EST VRAIMENT STUPIDE! POURQUOI VOUS ENTÊTER À COUVRIR CETTE CRAPULE? — CE VALET VISQUEUX DE LA CONTRE-RÉVOLUTION ?

RETROUSSEZ SA MANCHE.

41

42

JE REGRETTE, MAIS LE PATRON N'EST PAS LÀ — SI VOUS VOULEZ REPASSER PLUS TARD...

IL EST PARTI.

DE TOUTE MANIÈRE, ON NE PEUT PAS GARDER FRIDMAN ICI ! — IL FAUT L'EMPORTER DANS UN ENDROIT PLUS TRANQUILLE !

47

LES RUSSES! ILS VOULAIENT QUE JE LEUR DISE OÙ SE TROUVE UN CERTAIN STERN. TU CONNAIS?

JAMAIS ENTENDU PARLER. IL N'EST PAS DANS NOS FICHIERS, JE TE JURE. C'EST QUAND MÊME MARRANT, NON?

PAS POUR MOI! — JE VEUX QU'ON ME FICHE LA PAIX, FAIS-LE SAVOIR À QUI DE DROIT!

ET COMMENT ÇA? PAR LES PETITES ANNONCES?

VIENS, ALLONS FAIRE UN TOUR AU JARDIN.

COMMENT TROUVES-TU GHAÏDAH?

VRAIMENT TRÈS BELLE.

PAS VRAI ? LES FRUITS D'ICI SONT SI PARFUMÉS...

TU VEUX GOÛTER ?

PAS DE RETRAITE POUR NOUS, MAX... ON NE PEUT PAS EFFACER LE PASSÉ...

TRÈS POÉTIQUE, GUY... MAIS LE PROBLÈME EST DIFFÉRENT,

TU SAIS, ICI J'AI VRAIMENT TROUVÉ LE PARADIS — MON BOULOT DE COUVERTURE À FRANCE-PRESSE, ET PRATIQUEMENT RIEN À FAIRE CÔTÉ RENSEIGNEMENTS... LA SANTÉ D'ATATÜRK N'EST PAS TERRIBLE, MAIS TANT QUE LE GAZI EST EN VIE...

EN TURQUIE, LA VIE EST BON MARCHÉ POUR LES ÉTRANGERS... QUANT À NOS SERVICES, DU MOMENT QUE LA GUERRE RISQUE D'ÉCLATER POUR LA TCHÉCOSLOVAQUIE, ILS FONT MOINS ATTENTION À CE QUI SE PASSE ICI...

BREF, TU AIMERAIS MIEUX ME VOIR AILLEURS !

TU T'ES FOURRÉ DANS UNE DRÔLE D'HISTOIRE, MAX... JE LES AI ENTENDUS PARLER DE BESUCOV...

ON DIT QUE C'EST UN NOBLE UKRAINIEN QUI AURAIT COMBATTU AUX CÔTÉS DE DÉNIKINE CONTRE LES ROUGES... EN TOUT CAS, C'EST UN TRAFIQUANT NOTOIRE — LES ARMES, L'OPIUM... ET TOUT LE RESTE !

L'ESPIONNAGE AUSSI ?

POURQUOI PAS ? ISTANBUL REGORGE D'ÉMIGRÉS RUSSES... ET LA MOITIÉ D'ENTRE EUX SONT DES AGENTS DU N.K.V.D. — IL VAUT MIEUX SE MÉFIER !

51

MESUREZ VOS PAROLES, SHAPINSKIJ ! CES DEUX-LÀ ÉTAIENT DES ÉTRANGERS, RÉFUGIÉS EN FRANCE — FRIDMAN EST UN AGENT FRANÇAIS EN MISSION POUR SON GOUVERNEMENT : MÊME VOUS, VOUS DEVRIEZ COMPRENDRE LA DIFFÉRENCE !

EN CE MOMENT, L'ALLIANCE AVEC LES DÉMOCRATIES BOURGEOISES EST NOTRE MEILLEURE DÉFENSE CONTRE LE NAZISME. VOUS PRÉFÉRERIEZ QU'ILS NOUS LAISSENT SEULS EN FACE D'HITLER ?!...

C'EST CE QU'ILS FERONT DE TOUTE FAÇON : LEUR VÉRITABLE ENNEMI N'EST PAS LE FASCISME CAPITALISTE, MAIS LA RÉVOLUTION PROLÉTARIENNE !

VOTRE DOGMATISME EST STUPIDE... STUPIDE ET DANGEREUX !

QUANT À FRIDMAN, DITES À VOS HOMMES DE LE LAISSER FILER... MAIS SANS LE PERDRE DE VUE !

À MON AVIS, C'EST UNE ERREUR, CAMARADE RIEHZOV. IL VAUDRAIT MIEUX L'ÉLIMINER.

C'EST STERN QUE JE VEUX, ET SANS INCIDENTS. C'EST CLAIR?

ÜSKÜDAR, LE FAUBOURG ASIATIQUE D'ISTANBUL...

C'EST À VOTRE TOUR, STERN EFFENDI.

JE N'AI GUÈRE LE CŒUR À JOUER !

CROYEZ BIEN QUE JE VOUS COMPRENDS — SAVOIR QUE LA PERSONNE QUE VOUS ATTENDEZ DEPUIS TANT DE TEMPS EST DÉJÀ ARRIVÉE...

MAIS IL FAUT ÊTRE PRUDENT — LA HÂTE EST TOUJOURS MAUVAISE CONSEILLÈRE.

QUATRE ANS QUE NOUS NE NOUS SOMMES PAS VUS ! — VOUS IMAGINEZ ?

JUSTEMENT EFFENDI — QUELQUES HEURES DE PLUS OU DE MOINS...

PLUS TARD, DANS LE HALL DE L'HÔTEL HALIÇ...

...SI VOUS CHERCHEZ LA COULEUR LOCALE, C'EST LE MEILLEUR ENDROIT, MADAME WITNITZ — TOUT À FAIT CARACTÉRISTIQUE.

TRÈS BIEN, MERCI...

58

61

CEPENDANT...

OUI... ENTENDU... TOUT DE SUITE !

ÇA Y EST ! "ZMIEIKA" L'A RETROUVÉ.

OÙ ÇA ?

IL VA AU KAPLAN. PAS DE TEMPS À PERDRE !

UNE DEMI-HEURE APRÈS.

NOUS Y VOILÀ QUAND MÊME !

TÜNAYDIN ! BONSOIR, MONSIEUR ET MADAME.

VOUS NE PRÉFÉRE-
RIEZ PAS QUE NOUS
ALLIONS
AILLEURS ?

POURQUOI ?
L'ENDROIT
NE VOUS
PLAÎT PAS ?

CES GENS,
CE BRUIT...
C'EST UN PIÈGE
À TOURISTES !

C'EST CE
QUE NOUS
SOMMES, NON ?

UNE
TABLE
POUR DEUX ?
PAR ICI, JE
VOUS
PRIE.

J'AI PEUR QUE CE SOIT APRÈS MOI QU'IL EN AIT. IL NE TENTERA SÛREMENT RIEN TANT QUE NOUS SERONS AU MILIEU DES GENS, MAIS UNE FOIS DEHORS...

IL EXISTE PEUT-ÊTRE UNE AUTRE EXPLICATION, VOUS SAVEZ...

ET LA-QUELLE ?

QUE CE SOIT MOI QUI L'INTÉRESSE !

JE SUIS STUPIDE DE NE PAS Y AVOIR PENSÉ ! RAISON DE PLUS POUR REGAGNER L'HÔTEL SANS PERDRE DE TEMPS.

LA GALANTERIE N'EST PAS VOTRE FORT, PAS VRAI ?

UNE FLEUR POUR LA JOLIE DAME ?

NON, MERCI.

71

SLATEK! VOUS ARRIVEZ JUSTE AU BON MOMENT.

N'EST-CE PAS ?! MAIS DITES-MOI !.. POURQUOI LES "ORGUES DE STALINE" EN ONT APRÈS VOUS ?

ILS CROIENT QUE JE SAIS OÙ SE PLANQUE UN CERTAIN STERN.

ET VOUS LE SAVEZ VRAIMENT ?

PAS DU TOUT ! MAIS POURQUOI PENSEZ-VOUS QU'IL S'AGISSE DU N.K.V.D. ?

VOUS VOULEZ RIRE ? SI JE N'AVAIS PAS APPRIS À LES REPÉRER, ET DE LOIN, IL Y A BELLE LURETTE QUE JE NE SERAIS PLUS DE CE MONDE !

VOUS NE ME CROYEZ PAS ? JE VAIS VOUS FAIRE UN AVEU, FRIDMAN... IL Y A PAS MAL D'ANNÉES, À VIENNE, J'AI CONNU UN DIRIGEANT DU **KPO**. – IL S'APPELAIT STERN ET C'EST LUI...

... QUI M'A FAIT ENTRER AU PARTI... MAIS EN 34. IL SE
RÉFUGIA EN URSS, ET, PEU APRÈS, JE RENDAIS MA CARTE...
JE N'AVAIS PLUS EU DE SES NOUVELLES DEPUIS, JUSQU'À
CE QUE, LA SEMAINE DERNIÈRE, JE REÇOIVE UNE LETTRE :
IL S'ÉTAIT ÉVADÉ DE RUSSIE, MAIS SE SENTAIT TRAQUÉ.

MAINTENANT, IL FAUT QU'IL QUITTE ISTANBUL...
MAIS IL EST SANS ARGENT, ET IL NE PEUT PAS
CONTACTER SES ANCIENS CAMARADES, CAR ILS LE
DÉNONCERAIENT — À PART UN SEUL,
QUI A ROMPU AVEC LE PARTI...
ET VOILÀ POURQUOI
JE SUIS ICI !

C'EST
UNE BIEN
BELLE HISTOIRE,
MAIS MOI DANS
TOUT ÇA ? VOUS
VOUS IMAGINEZ
QUE LES RUSSES
VONT ME LAISSER
TRANQUILLE
PEUT-ÊTRE ?

JE COMPRENDS
VOTRE SITUATION,
MAIS PAS MOYEN
DE NOUS EN SORTIR
AUTREMENT...
JE NE VOUS
CACHE RIEN,
VOUS
VOYEZ.

TRÈS TOUCHÉ, VRAIMENT !
VOUS ÊTES PRÊT À TOUT
RISQUER POUR VOTRE AMI,
MÊME...
MA VIE !

UN RISQUE DE COURTE DURÉE. NE VOUS MONTREZ PAS PENDANT QUELQUES JOURS, JUSTE POUR NOUS LAISSER LE TEMPS D'ARRIVER EN SUISSE — LÀ, NOUS ORGANISONS UNE CONFÉRENCE DE PRESSE SUR LES CRIMES DE STALINE. TOUS LES JOURNAUX EN PARLERONT ET STERN SERA ALORS TROP EN VEDETTE POUR QU'ILS OSENT L'ÉLIMINER...

C'ÉTAIT ÇA QUE VOUS VOULIEZ ME DIRE AU KAPLAN?

À PEU DE CHOSE PRÈS. ADIEU ET... BONNE CHANCE!

AH, J'ALLAIS OUBLIER — PRENEZ GARDE À MAGDA WITNITZ. JE ME MÉFIE D'ELLE!

SENTIMENT PARTAGÉ, JE DOIS L'AVOUER!

MAGDA! VOUS AVEZ TOUT ENTENDU?

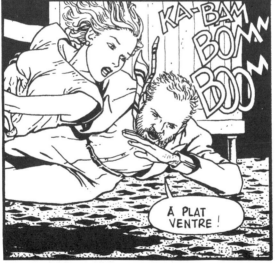

ILS NE ME CROIRONT JAMAIS. COMMENT LE POURRAIENT-ILS? ESSAYEZ DE VOUS METTRE À LEUR PLACE...

POURQUOI LE FERAIS-JE?

VOUS ALLEZ SUIVRE LES CONSEILS DE SLATEK?

ALORS **FICHEZ LE CAMP!** CETTE COMMÈRE DE MADAME BROWN M'A DIT QUE VOUS ÉTIEZ ICI POUR AFFAIRES. ELLES NE SONT QUAND MÊME PAS PLUS IMPORTANTES QUE VOTRE VIE?..

BIEN SÛR QUE NON! MAIS À QUOI BON? OÙ QUE J'AILLE, ILS ARRIVERAIENT À ME RETROUVER...

ET PUIS ÇA N'EST PAS LÀ LE PLUS GRAVE... MA VIE EST SECONDAIRE ... MAIS IL SE TROUVE QUE J'AI UNE PETITE FILLE DE ONZE ANS, À GENÈVE... ET QU'ILS LE SAVENT!

ET VOUS CROYEZ QUE... OH, NON, CE SERAIT AFFREUX!

CE SONT LES RÈGLES DU JEU ! JE LES CONNAIS ! — IL Y A EU UN TEMPS OÙ J'ÉTAIS DE LA PARTIE, MOI AUSSI.

MAIS JE VOUS L'AVAIS BIEN DIT QU'IL VALAIT MIEUX NE PAS ME FRÉQUENTER. POURQUOI DIABLE NE M'AVEZ-VOUS PAS ÉCOUTÉ ?

RESTONS-EN LÀ, VOULEZ-VOUS ? J'AIMERAIS RENTRER.

COMME IL VOUS PLAIRA... ÇA DOIT ÊTRE LA MOSQUÉE D'ORTAKÖY QUE NOUS VOYONS LÀ-BAS... DEUX PETITS MILLES ET NOUS Y SOMMES

AUTREMENT DIT, IL NE ME RESTE PLUS QU'À DISPARAÎTRE... ET SANS TARDER !

VOUS NE BOUGEREZ PAS D'ICI, EFFENDI... ORDRE DE BESUCOV BEY !

AH, OUI ? J'AIMERAIS BIEN LUI PARLER, À VOTRE BESUCOV !

À QUOI BON ? IL SAIT MIEUX QUE NOUS CE QU'IL FAUT FAIRE.

CEPENDANT, À L'HÔTEL HALIG...

POURVU QUE J'AIE UN PEU DE TEMPS...

84

85

JE SUIS CONFUSE... MOI, QUI ME CROYAIS DE TAILLE À AFFRONTER N'IMPORTE QUELLE SITUATION, VOILÀ QUE...

...JE CRAQUE ! NON, VRAIMENT, C'EST TROP STUPIDE !

CE SONT LES NERFS ! LA JOURNÉE A ÉTÉ RUDE POUR TOUT LE MONDE.

OUI, VOUS AVEZ RAISON... MAIS JE NE ME SENS PAS CAPABLE DE RETOURNER DANS CETTE CHAMBRE.

RIEN NE VOUS Y OBLIGE, SI VOUS N'EN AVEZ PAS ENVIE...

OH, MAX ! JE ME SENS LASSE... SI LASSE ! JE N'EN PEUX PLUS !

CEPENDANT...

COMMENT VA ABDI ?

UN DRÔLE DE COUP SUR LE CRÂNE, MAIS IL S'EN TI- RERA. IL N'ARRÊTE PAS DE RÉPÉTER QU'IL SE VENGERA !

CA M'ÉTONNERAIT ! ÉCOUTE LES DERNIÈRES INSTRUCTIONS DE MOSCOU ! —"STERN : LA DIRECTION DES OPÉRATIONS EST CONFIÉE À ZMIEÏKA. OBÉIR À SES ORDRES SANS DISCUSSION. FRIDMAN : À SURVEILLER DE PRÈS MAIS AVEC LE MAXIMUM DE DISCRÉTION. ÉVITER IMPÉRATIVEMENT TOUT INCIDENT."

ILS NOUS INTERDISENT TOUTE INITIATIVE ! —JE N'AIME PAS BEAUCOUP ÇA...

MOI NON PLUS ! J'AI PEUR, SONIA... RIEHZOV N'A PEUT-ÊTRE PLUS CONFIANCE EN NOUS...

SI SEULEMENT NOUS RÉUSSISSIONS À TROUVER STERN AVANT ZMIEÏKA... MAIS COMMENT ?

91

ELLE A RETENU TOUTE SON ATTENTION ET IL DIT QU'IL TE COMPREND... MAIS QUE CE N'EST PAS LE MOMENT DE COMPROMETTRE NOS RELATIONS AVEC LES RUSSES. POUR PERSONNE AU MONDE !

LEUR APPUI NOUS SERA VITAL, SI HITLER ATTAQUE LES TCHÈQUES ET DÉCLENCHE UNE GUERRE. NOUS NE DEVONS PAS LEUR FOURNIR UN PRÉTEXTE QUELCONQUE POUR SE DÉFILER.

TU CROIS VRAIMENT QU'ILS SE GÊNERAIENT ?

JE NE CROIS RIEN DU TOUT, MAX ! JE TE RÉPÈTE SEULEMENT CE QUE M'A DIT LEDOUX.

ALORS LAISSE TOMBER LA POLITIQUE INTERNATIONALE ET VENONS-EN AU FAIT !

IL ESPÈRE QUE TU RÉUSSIRAS À RETROUVER STERN ET À LE LIVRER AUX RUSSES AVANT... AVANT QU'ILS TE DESCENDENT. IL DIT QU'ILS APPRÉCIERAIENT SÛREMENT LE GESTE.

MERCI DU TUYAU... RIEN D'AUTRE ?

NON. POUR NOUS, STERN EST UN PROBLÈME QUI N'EXISTE PAS... C'EST POUR ÇA QUE JE NE PEUX PAS M'EN OCCUPER ...TU SAISIS ?

COMPRIS... TA PETITE VIE, TON PETIT JARDIN...

BIEN SÛR, BIEN SÛR...

TU ES INJUSTE, MAX. QUE VEUX-TU QUE JE FASSE ? JE TE JURE QUE SI JE SAVAIS OÙ IL EST...

VA-T'EN AU DIABLE!
D'ACCORD, JE SAIS
COMMENT TROUVER
BESUCOV... TU VOIS
CE MAGASIN DE TAPIS ?
LE PATRON EST UN
DE SES HOMMES.

NE PRENDS
PAS LA MOU-
CHE, GUY — JE
NE T'EN
VEUX PAS...

MAIS...
SI TU POU-
VAIS T'INFORMER
SUR UN CERTAIN
SLATEK.
C'EST UN
COLLÈGUE À
TOI, UN
JOURNALISTE...

JE VAIS
ESSAYER...
BONNE CHANCE,
VIEUX FRÈRE!

IL
N'Y A
PER-
SONNE ?

IL FAUT ABSOLUMENT QUE JE LUI PARLE. SI VOUS LE CONNAISSEZ, METTEZ-MOI VITE EN CONTACT.

DE QUOI S'AGIT-IL?

DÉSOLÉE, MAX, MAIS JE NE PEUX VRAIMENT PAS VOUS LE DIRE.

ÇA CONCERNE STERN?

NON. POURQUOI CETTE IDÉE?

COMME ÇA... DE TOUTE FAÇON, JE NE CONNAIS PAS BESUCOU.

TIRE, BON SANG !

105

106

COMMENT POUR-
RAIS-JE LE SAVOIR?
SI AU MOINS VOUS
ME DISIEZ POURQUOI
VOUS VOULEZ VOIR
BESUCOV...

BIEN... J'AI BESOIN DE SOUF-
FLER UN PEU ET L'HALIÇ N'EST
PAS UN ENDROIT SÛR !
— J'AI BIEN PEUR
QUE ...

NOS
ROU-
TES
SE
SÉPA-
RENT
...

DÉSOLÉE, JE NE VOU-
LAIS PAS ÊTRE UNE
GÊNE — JE ME SUIS
TOUJOURS TIRÉE
D'AFFAIRE TOUTE
SEULE !

CE N'EST
PAS DU TOUT CE
QUE JE VOULAIS
DIRE... JE
VIENDRAI VOUS
DIRE AU REVOIR
AVANT DE
QUITTER
L'HÔTEL !

UN PEU PLUS TARD...

ELLE DEVRAIT HABITER ICI... SI ELLE EST ENCORE DE CE MONDE.

...OUI?

VOUS NE VOUS RAPPELEZ SANS DOUTE PAS DE MOI ...MAIS VOUS N'AVEZ SÛREMENT PAS OUBLIÉ MA MÈRE— RUTH FRIDMAN...

MAX! LE PETIT MAX! C'EST VRAI QUE JE NE T'AURAIS JAMAIS RECONNU, AVEC CETTE BARBE!

...TANDIS QUE VOUS ÊTES TOUJOURS RESTÉE LA MÊME, COMTESSE SOWINSKAIA.

FLATTEUR !... COMMENT VA RUTH ?

TRÈS BIEN, AUX DERNIÈRES NOUVELLES. EN CE MOMENT ELLE DOIT ÊTRE SUR LA CÔTE...

Как Вас зовут?

NOUS NE NOUS SOMMES PAS VUES DEPUIS SI LONGTEMPS... 1918, EXACTEMENT ! LA VIE EST VRAIMENT BIZARRE - DIRE QU'AUPARAVANT J'ÉTAIS TOUJOURS EN VOYAGE. NOUS NOUS REN-CONTRIONS À BIARRITZ OU À DAVOS... MAIS DE-PUIS QUE J'AI DÛ QUITTER SAINT-PÉTERSBOURG JE N'AI PLUS BOUGÉ D'ISTANBUL.

Как Вас зовут?

NOUS CONTINUONS À NOUS ÉCRIRE BIEN SÛR... MAIS C'EST UNE PRATIQUE QUI TEND À DISPARAÎTRE... LA VIE EST SI BRÈVE ET VOUS ÊTES BIEN TROP OCCUPÉS, VOUS LES JEUNES, POUR VOUS ARRÊTER À DE TELLES BAGATELLES !... TU VEUX UNE TASSE DE THÉ ?

D'APRÈS CE QUE J'AI ENTENDU DIRE SUR LUI, ILS N'ONT PAS TOUS LES TORTS !

CALOMNIES ! ÉVIDEMMENT, COMME IL AIDE DES RÉFUGIÉS RUSSES, C'EST QUELQU'UN DE GÊNANT,... ET IL N'EN RESTE GUÈRE, DES HOMMES COMME LUI...

МОЛЧИ! УХОДИ!

PERSONNELLEMENT, JE LUI DOIS BEAUCOUP. C'EST UN ÊTRE EXCEPTIONNEL, CROIS-MOI...

DU MOMENT QUE VOUS LE DITES !

ÉCRIS-MOI TON ADRESSE, JE LUI FERAI PARVENIR TA REQUÊTE, ET C'EST LUI QUI TE FERA SIGNE... NE M'EN VEUX PAS POUR TOUTES CES PRÉCAUTIONS QUI DOIVENT TE SEMBLER RIDICULES..

PAS DU TOUT ! JE COMPRENDS TRÈS BIEN.

SI JE TE DISAIS QUE PAS PLUS TARD QU'HIER, QUELQU'UN S'EST PRÉSENTÉ... UN JOURNALISTE...

... QUI AURAIT AIMÉ L'INTER-VIEWER...

УХОДИ! УХОДИ!

VOUS VOUS SOUVE-NEZ DE SON NOM ?

SLA... SLATEK, JE CROIS. OUI, C'EST BIEN ÇA, SLATEK!

CEPENDANT...

NON MAIS, VOUS AVEZ COMPLÈTE-MENT PERDU LA BOULE, MA PAROLE !

POURQUOI ÇA ?

113

HMM... J'AI L'IMPRESSION QU'AVEC VOUS, IL VAUT MIEUX TOURNER SEPT FOIS SA LANGUE.

CE COIN EST VRAIMENT BIEN CACHÉ... COMMENT AVEZ-VOUS FAIT POUR LE DÉNICHER?

UN COUP DE CHANCE... JE SUIS DÉJÀ VENU UNE FOIS M'Y CACHER, IL Y A QUELQUES ANNÉES.

AVEC UNE AUTRE FEMME?

NOUS Y VOILÀ...

117

Au jardin
de mon père ♫♫
les lilas
sont
fleuris
♫♫

CEPENDANT À L'HÔTEL HALIÇ...

BON! ALORS J'ATTENDRAI...

COMME IL VOUS PLAIRA, MAIS VOUS RISQUEZ D'ATTENDRE LONGTEMPS! — M. FRIDMAN EST PARTI AVEC UNE VALISE!

QUOI?! IL A QUITTÉ L'HÔTEL?

NON, MONSIEUR, IL N'A PAS LIBÉRÉ SA CHAMBRE...MAIS IL N'A PAS DIT QUAND IL RENTRERAIT.

NI OÙ IL ALLAIT BIEN ENTENDU? BON SANG DE BONSOIR!

LE LENDEMAIN...

ALLÔ, L'HÔTEL HALIÇ? MAX FRIDMAN À L'APPAREIL! — DES MESSAGES POUR MOI?

OUI, MONSIEUR.

M. SLATEK AIMERAIT VOUS VOIR AU PLUS VITE! IL VOUS ATTENDRA AU CAFÉ SAFAK JUSQU'À ONZE HEURES. QUELQU'UN D'AUTRE ENCORE VOUS A DEMANDÉ, MAIS IL N'A PAS LAISSÉ SON NOM

122

124

ASSEYEZ-VOUS, FRIDMAN.

JE SUIS PRÊT À PARTIR ET JE VOULAIS VOUS PARLER AVANT...

VOUS AVEZ TROUVÉ STERN ?

NON. VOUS SAVEZ, FRIDMAN, JE N'AI PAS ÉTÉ TOUT À FAIT SINCÈRE AVEC VOUS... ... PAS DU TOUT MÊME !

SI ÇA PEUT VOUS CONSOLER, JE N'AI JAMAIS CRU GRAND-CHOSE À CE QUE VOUS ME RA-CONTIEZ !

JE SUIS TOUJOURS AU PARTI, VOUS VOUS EN DOUTIEZ... QUAND JE CHER-CHAIS STERN, J'ÉTAIS ... EN SERVICE ACTIF !

... MAIS MAINTENANT LA SITUATION A CHANGÉ, ET JE NE LA CON-TRÔLE PLUS... TENEZ-VOUS À CARREAU ! — ILS ONT L'ORDRE DE TUER !

125

126

129

MERDE DE MERDE !

J'ESPÈRE QU'IL S'EN TIRERA !..

N'Y PENSE PLUS ! — C'ÉTAIT LUI OU TOI !

SLATEK TRAVAILLAIT POUR LE N.K.V.D.

INTERESSANT ! MAIS TOUT EST ARRANGÉ, MAX ! — ILS ONT CHANGÉ D'AVIS SUR STERN À PARIS... ILS SONT D'ACCORD POUR LUI OFFRIR L'ASILE POLITIQUE !

CEUX QUI CROYAIENT ENCORE À QUEL-QUE MODÉRATION DE SA PART ONT ÉTÉ SERVIS ! — SI TU AVAIS ENTENDU COMMENT IL A TRAITÉ LES TCHÈQUES !.. JE CROIS QUE CE COUP-LÀ, ON N'Y COUPERA PAS... LA GUERRE N'EST PLUS QU'UNE QUESTION DE JOURS...

JE N'ARRIVE TOUJOURS PAS À COMPRENDRE...

SACRÉ MAX !.. ARRÈTE DE TE POSER DES QUESTIONS ! — LES INSTRUCTIONS SONT CLAIRES... JE TE DÉPOSE OÙ ?

À L'HÔTEL HALIÇ... J'ATTENDS UN MESSAGE.

ET APRÈS ? OÙ POURRAI-JE TE RETROUVER ?..

SUR LA PLAGE... J'AI ENVIE DE PRENDRE UN BON BAIN !

132

133

UN PEU APRES...

MAX!

TU DEVRAIS TE BAIGNER — L'EAU EST SI BONNE!

J'AIMERAIS BIEN...

135

136

137

VITE!

LE PROPHÈTE A DIT:" QUE VOS MAINS NE METTENT JAMAIS EN DANGER LA VIE DE VOTRE PROCHAIN"...

SAGE PRÉCEPTE, MAIS...

BESUCOV BEY S'ATTENDAIT À UN COUP DE CE GENRE... IL A TOUJOURS ÉTÉ TRÈS PRUDENT. VENEZ...

SI VOUS VOULEZ ME SUIVRE, IL VOUS ATTEND.

MAIS... C'EST LE PONT DE COMMANDEMENT, LÀ-HAUT!

BAH!... IL CONNAÎT TRÈS BIEN LE CAPITAINE!

142

VOUS VOYEZ LA TOUR SUR CE ROCHER, CHÈRE MADAME ? SELON UNE LÉGENDE EUROPÉENNE, ON L'APPELLE LA TOUR DE LÉANDRE...

... MAIS POUR LES TURCS, ELLE S'APPELLE KIZ KULESI, LA TOUR DE LA FIANCÉE, ET IL S'AGIT D'UNE AUTRE LÉGENDE, QUI N'A RIEN À VOIR AVEC LA PREMIÈRE.

...SAUF UNE CHOSE : LEUR TRAGIQUE DÉNOUEMENT !

BIEN SÛR... MAIS VOUS NE L'AUREZ QUE LORSQUE JE VERRAI DAVID !

NE SOYEZ DONC PAS SI PESSIMISTE, FRIDMAN ! MAIS PASSONS AUX AFFAIRES SÉRIEUSES ! —VOUS AVEZ L'ARGENT MADAME STERN ?

143

CROYEZ-MOI, JE SUIS AUSSI PRESSÉ QUE VOUS DE LE VOIR PARTIR ! VOTRE MARI M'A DÉJÀ COÛTÉ BIEN TROP CHER. DISONS DEMAIN SIX HEURES, À KARAKÖY, SUR LE QUAI DES PÊCHEURS, ÇA VA ?...

POURQUOI NE NOUS EMMENEZ-VOUS PAS DE SUITE JUSQU'À LUI ? TOUT DÉLAI AUGMENTE LES RISQUES.

LES RISQUES SONT GRANDS POUR TOUS, MADAME ! — JE M'EFFORCE DE LES RÉDUIRE LE PLUS POSSIBLE. EN OUTRE, CE BATEAU EST SURVEILLÉ PAR LE N.K.V.D...

COMMENT LE SAVEZ-VOUS ? ILS VOUS ONT PRÉVENUS ?...

NE DITES PAS DE BÊTISES !... ILS SONT ALLÉS CHEZ OLGA SOWINSKAÏA ET ILS L'ONT DROGUÉE POUR LA FAIRE PARLER... J'ESPÈRE QU'ELLE S'EN SORTIRA... MAIS SON CŒUR EN A PRIS UN COUP !

OLGA SOWINSKAÏA...
QUI EST-CE?

UNE VIEILLE
AMIE À LUI
...ET À MOI.

MAIS ME VOILÀ ARRIVÉ!
JE SUIS CONTENT DE VOUS
AVOIR REVU, ET ENCORE
VIVANT, FRIDMAN...
SINCÈREMENT!

PLUS TARD—
DANS LA SOIRÉE

BIEN,
QU'IL
VIENNE!

JE ME PRÉSENTE:
GUY...

...VARAND!
JE SAIS, ON
M'A PRÉVENU
QUE VOUS
VOULIEZ ME
PARLER.

J'AI UN MARCHÉ
À VOUS
PROPOSER...

147

149

150

151

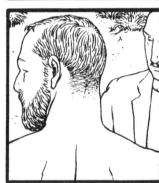

BRAVO POUR LE GÂCHIS ! TU N'AURAIS PAS DÛ LEUR LIVRER STERN, GUY.

JE N'AI FAIT QUE SUIVRE LES ORDRES, DE PARIS, MON VIEUX MAX ! DE TOUTE MANIÈRE, IL ÉTAIT CONDAMNÉ.

UN PEU PLUS TÔT, UN PEU PLUS TARD, ILS L'AURAIENT RÉCUPÉRÉ, TU LE SAIS BIEN.

J'AURAIS PRÉFÉRÉ UN PEU PLUS TARD...

NOM D'UN CHIEN ! TU NE VOULAIS QUAND MÊME PAS QUE NOUS METTIONS EN PÉRIL NOS RELATIONS DIPLOMATIQUES À CAUSE D'UN SEUL BONHOMME ? L'ALLIANCE DES RUSSES, TU NE CROIS PAS QUE ÇA VAUT LA PEINE, DEVANT L'IMMENSE BOUCHERIE QUI SE PRÉPARE ?

CATALOGUE J'AI LU BD

162

Imprimé par Brodard et Taupin à la Flèche
le 14 février 1992 - **1553F-5**
Dépôt légal mars 1992. ISBN 2-277-33162-7
Imprimé en Europe (France).

J'ai lu BD / Éditions J'ai lu
27, rue Cassette 75006 Paris

Diffusion France et étranger : Flammarion